AF276155

FUNERAL DE ESTADOS

Gonza M. Fontán

COLECCIÓN ITES

FUNERAL DE ESTADOS

© Gonza M. Fontán
© Fotografías para collage de portada:
Nuria González Fontán
© de esta edición: Olé Libros, 2024

ISBN: 978-84-10053-66-3
Depósito legal: V-3105-2024
Impreso en España

No se permite la reproducción total o parcial de este libro, ni su incorporación a un sistema informático, ni su transmisión en cualquier forma o por cualquier medio, sea este electrónico, mecánico, por fotocopia, por grabación u otros métodos, sin el permiso previo y por escrito del editor. La infracción de los derechos mencionados puede ser constitutiva de delito contra la propiedad intelectual (Arts. 270 y siguientes del Código Penal). Las solicitudes para la obtención de dicha autorización total o parcial deben dirigirse a CEDRO (Centro Español de Derechos Reprográficos).

KALOSINI, S. L.
Grupo editorial olélibros
equipo@olelibros.com
www.olelibros.com

A Fredy.

A mis hermanas, todo, siempre.
A mis pequeños grandes.
A mamá y a la tía guapa.

A la abuela,
aunque no pueda verlo,
porque habría presumido.

Prólogo

La gentrificación expulsa
tu recuerdo de todas las casas nuevas
que son viejas
y en las que estuviste
siempre muerta.

I

Si tengo que hacer una película o escribir un libro,
no sé si lo escribiría, porque hay tantas cosas
que a lo mejor no podría decir...
Porque fueron cosas algo duras algunas,
entonces me daría muchísimo apuro.
Lo vivido pues se acabó, lo que pasó pasó.

ROSA MONTEAGUDO AMORÍN, *MI ABUELA*, 2021.

COMUNICADO OFICIAL

La Ministra ha muerto (*finou a Ministra*).

Ha sucedido tras su muerte algo extrañísimo:
el mundo
sigue girando

y la gente se levanta por las mañanas para ir a trabajar

y yo, a veces, para escribir un poema.

La abuela Rosa y verde

Un día me dijiste que ojalá mamá me hubiera puesto tu nombre.
Imagina qué crueldad decir eso
ahora.
Ahora no vas a decir nada.

Estoy sentada en el banco de una rosaleda. Pienso en ti,
en las posibilidades lingüísticas de tu nombre;
¡Qué rabia esta condena a la literalidad,
al dolor

ante lo más obvio.

A ESTE POEMA HACE MUCHO TIEMPO LO TITULÉ "MANOS MORADAS"

Recuerdo la taza morada y suave;
recuerdo la roída pajita amarilla generación tras generación;
los mismos cubiertos rojos y blancos que recuerdo siguen en el cajón;
recuerdo el olor de la cocina y de la lavanda
y de sus manos como cuencos
vertiendo agua de colonia sobre nuestras cabezas mojadas, bautizándonos,
cada día antes de salir a la calle:
sobre la fe recuerdo solo eso.

Recuerdo la taza morada en que se disolvió
mi morada infancia, solo eso:
las recuerdo.

PERIQUITAS

Falas de pájaros entusiasmada durante ratos larguísimos e ríes
ríes ríes
e parece que todos os dolores xa pasaron.

Luego falas de zapatos altos chorar non choras,
pero metes o dedo tras a gafa para meter de volta a lágrima no ollo
Dis que quieres comprar unha xaula grande
porque os pájaros se multiplican pero todavía non son tantos que
[non caiban na terraza.

Eu mientras penso que ojalá nacesen os periquitos a miles porque
[cando falas deles ríes
ríes ríes

Ai, se os paxariños pudesen entenderte... non necesitarías xaula.
Conto as horas que pasades xuntos
e brota en min unha pouca de envidia
de que te miren ler e cociñar e dar aloe nos pés
de que sexan mimados e alimentados polas túas mans agora vellas
[e sempre presumidas.
Canto che présta o tempo ó meu lado?
Cando che preguntan por mín
tamén ríes ríes ríes   tanto?

Eu falo de ti
como ti falas dos periquitos.

Abuela,
ojalá nunca tivésemos que pensar na altura dos zapatos.

INCOMPATIBLES

Con sus dedos llenos de tiritas abrió la primera jaula. Con las tiritas despegadas en los bordes de las uñas, echó un puñadito de alpiste dentro. Luego se acercó, tanto que casi parecía que se encogería hasta caber dentro de la jaula, y situó su ojo en la puerta de la casa. Están bien: vivos, calientes, cuidados.

Cuando abrió la segunda jaula, algunos de sus dedos sangraban ya. Amenazó con amor. Volvió a echar alpiste. Volvió a amenazar al pájaro. Más tarde cruzó la galería para clavar un par de trozos de manzana entre las rejas. Los dos enamorados se daban piquitos. Dos jaulas no son suficiente para separar a dos pájaros que se quieren. O se desean. O sienten el impulso natural de reproducirse que se espera de su especie.

¿Sienten los periquitos amor? ¿Son de esa clase de pájaros? No importa. Lo que importa es que se daban piquitos a través de la jaula. Sus manos volvieron a introducirse en la primera jaula, su cuerpo volvió a hacerse pequeño, su ojo volvió a enfrentarse a la casita. Los polluelos seguían vivos y calientes. Ella decidió, por primera vez, fiarse de una figura paterna.

Bodegón de una crónica
de una enfermedad

Antes de acostarse, deja la comida hecha para todos porque mañana toca quimio y no llegará a tiempo. Deja la cocina limpia, limpia, limpia, aunque al llegar la encontrará, a su exigente criterio, sucia. Pero no dejará que nadie la limpie porque no se fía de que nadie pueda hacerlo bien. Al fin y al cabo, ella tiene setenta años de experiencia. Los demás, ninguno.

Se mete en la cama y cien pastillas en la boca: no duerme. En el sector del descanso, carece de experiencia. Se levanta por tercera vez por la mañana y está lista para empezar el día. Antes del hospital: el madrugón, la ropa, los zapatos, el bolso.

En el bolso: pañuelos, abanico, azucarillos, cartera, llaves, pastillas, paquete de tiritas, bolígrafo y, aunque nunca fue fumadora, mechero. Nunca sabes cuándo una nieta va a llevar un hilo suelto. El bolso, en definitiva: un botiquín.

En el mueble, una hilera de tacones que, por supuesto, no cogen polvo, pero por el tiempo bien podrían. Los zapatos: las tardes de bolero, cuatro bodas, un tiempo pasado en el que se sentía más guapa, un viaje a Tenerife. Los zapatos: nostalgia y dolor de pies.

Bien vestida (porque al médico hay que ir bien vestida, aunque nunca vayas mal vestida), bien calzada (por comodidad, pero a regañadientes), perfumada y con el esmalte de uñas (prohibido por la doctora) ya seco, se sienta a la mesa de la cocina a ayunar y esperar. Esperar es una de las actividades diarias. Suena el teléfono, coge el paraguas (para no llevar bastón) y al ascensor.

Sube al coche con más dificultad que ayer y maldice (maldice, maldice: con insultos y rabiosa energía) a sus piernas *que parece que non queren obedeser, hostia.*

Yo espero el mensaje («Todo está bien, seguimos») con un té. Sobre el hospital, si bien se me informa, no se me cuenta. Exprimo el limón y recuerdo que ella contó una vez que con limón se frotaba las manos al salir de la fábrica para no oler a pescado en la fiesta. Recuerdo que definió ir a la fiesta como «una odisea» y del hospital habla casi con aburrimiento. Habla (sigo esperando) como quien no conoce la importancia de sus palabras ni la gravedad de su testimonio. Llega el mensaje.

Vuelve cansada: se tumba, se estresa, sufre una pequeña taquicardia. Piensa en el día siguiente: la primitiva, comprar costilla que viene el niño, limpiar la cocina que se la dejaron sucia, un grito, dos.

Al día siguiente hablamos por teléfono: sigue cansada. Nos vemos: cansada. Mientras escribo esto, imagino, está cansada. Ser mujer es estar siempre cansada.

Una vez me regaló un Zippo sin gasolina, publicidad de Bingo Galicia, donde trabajó cuando aún le pagaban por trabajar. Lo guardé y nunca lo utilicé. Ahora pienso que debería dejar de fumar, llevarlo en el bolso.

Los recuerdos y/o/son tareas.

Los malos días hay que repartirlos como tareas,
                              aunque no se pueda:

            turnarse acompañarse intercalar
            tus buenos recuerdos tus regulares
                  (quiero decir los míos)
            con los malos de los demás
      (más exigentes/quizás/o menos afortunados).

QUEMAR CIERTA EMPRESA DE TRANSPORTES Y BUROCRACIA ENFERMIZA

A esperanza parésese a comprar billetes sen seguro de cancelación

[he perdido un millón de trenes por subirme en un millón y otro]

Esta que ahora te escribe

La abuela dice que, por mi culpa (*por culpa desta de aquí*), ahora no puede pasar sin las tostadas del desayuno, las toma todos los días.

la palabra «culpa»   la polisemia A LA FUERZA

Deseo en minúscula I

Nunca más pediré deseos en silencio.

¿Quién se excusa ante mí ahora, a quién pongo la reclamación?

[No puedo culpar de todo a la Renfe]

Capas quedaches tanto tempo por iso e por iso
la póliza del seguro no incluye esa pérdida.

Tengo delante una foto en la que estás tan guapa, riendo tanto.

Veganismo e infancia

Pensei cos ollos húmidos que agora levo
en comer un rapante frito

II

Al fin la tristeza es la muerte lenta de las simples cosas.
Esas cosas simples que quedan doliendo
en el corazón.

CHAVELA VARGAS

FUNERAL DE ESTADOS

Como é que a túa morte non abre debates e telediarios,
Ministra?
De todes nós, Ministra
de todes nós Ministra.

MANS

a Car, como todo, como siempre

Transformáronse as túas mans de limón en mans de pájaro.

Xa nunca cheiras a máis pescado que ós rapantes fritos da infancia.

Cheiras, aghora, a Nenuco e ás veces o mundo esquece que ti tamén
                                        [bailaches porque non
podías correr e porque che resultaba divertido.

Xa non bailas e contas historias sentada sobre como se tiveses vinte anos
ou cuarenta
botarías a correr para non ter nada que contar.
Temos sorte logho
Pero que difícil non cagharse no mundo no vello cheiro a limón
e no continuo xenocidio da vontade de faser
calquera outra cousa.

30

IMAXE DA IMAXE DA IMAXE

Creceu un fondo
en cada lugar que pisaches

agora o espazo
é unha fotografía recortada baleiro insondable:
non podo atravesar as baldosas, buscarte
baixo o cemento da galería

oco abisal   pozo infinito o espazo
pode   pódese intentar mais non serviría para nada máis
que estas palabras que para nada sirven

é sorte que me aprenderon   e aprendín nadar nelas

xa non fago pé no mundo

[ESTE POEMA FUE ESCRITO EN EL RECIBO DE UNA
FACTURA CUANDO LIMPIÁBAMOS TU CASA]

La muerte lingüística

Odio la facilidad
con que todes dicen ahora *casadelabuelo*.

Como si perder la vida no fuese suficiente, tuvieron que usurparle
[el lenguaje.

Tan rápido se olvidaron
de ese lenguaje que hablaba de la suciedad de los mandiles
y la capacidad y el derecho a alzar la voz
de una expresión que podría parecer tonta sin serlo
porque a pesar de vivir toda la vida de alquiler
engañábamos los oídos y parecía que tenía algo que le pertenecía
[por derecho
cuando decíamos *casa de la abuela*.

COMO EL FUEGO LAS PALABRAS

Decían que non calabamos nunca.
É curioso como as palabras
-son curiosas as palabras, poden
xuntarse combinarse evitarse berrarse: quedar atrapadas no contexto,
[xerar unha lingua propia
esa no tiene novio, que es como las nuestras
son unas envidiosas, tú sabes, porque eres de mi equipo
rimos en voz alta e nos contestan *shhhh* pero nos da igual].

Abrasamos a dighlosia e
decimos *te quiero* en castellano porque es una cosa seria.

Aunque todos nos queremos, nós queriamonos como tú y yo sabemos
dueñas como éramos de cualquier idioma en el que pueda decirse.

Son curiosas as palabras:
continúan evolucionan
poden empregarse sen parar
pero tamén como a lingua nosa permanecer intacta, continuar
[retórica nada máis
porque as palabras non poden cambiar o mundo pero son curiosas
[as palabras
son curiosas porque eu podo escribir que *te quiero* y hacerlo así,
[en castellano
y en presente,
manteneros intactas a la frase y a ti,
pero non podes apareser ti para dicir *hale, que sí, yo también,*
[*muchísimo, mi madriña contigo,*
non calas nunca.

Agora *te quiero* é registro retórico de gritos al cielo.

PROMETISTE POSARTE EN MI VENTANA

Una paloma se posó en mi barandilla y me miró a los ojos.

Le devolví la mirada.
No habló.
No era blanca.
No eras tú;
en mi ojo anidó igual una Lágrima.

Más tarde en el suelo del baño escuché *Quizás, quizás, quizás*
y sobre la baldosa fría lloré
como si hubieses muerto de nuevo.

III

As we go marching, marching unnumbered women dead
Go crying through our singing Their ancient call for bread.
Small art and love and beauty Their drudging spirits knew.
Yes, it is bread we fight for, but we fight for roses too.

JAMES OPPENHEIM, *BREAD AND ROSES*,
POEMA POPULARIZADO POLO DISCURSO
DA SUFRAGISTA HELEN TODD
E MUSICALIZADO POR DIFERENTES COMPOSITORES.
ESCUCHO LA VERSIÓN DE LA PELÍCULA *PRIDE*.

Nunca superaré que el atardecer le plante cara al mar
que la tierra no crezca alta sobre mis horizontes.

Tú ya no puedes abrazarme
por qué este paisaje tampoco.

Estación

Un olor a nenuco viajó hacia mí
en el aire de esta estación llena de polvo y obras.

Con ansiedad revisé todas mis cosas,
pensando que se me había abierto el frasco en la maleta.

Olvidé
que tu olor puede comprarlo cualquiera en el supermercado
                              [y el frasco de colonia en casa.

El *shock* de una verdad tan simple no me permite romper a llorar.

EN GUARDIA

Las diferencias de clase en la enfermedad son sencillas:
las diferencias entre acompañarse
y hacer turnos
En el duelo igual.
Estoy lejos por eso [...]
estoy lejos y eso.

Deseo en minúscula II

Son las seis de la mañana y subí a la azotea a ver el amanecer.
[Todo me parecía oscuro.
Comprobé a qué hora amanece hoy. Es a las 7:36. No sé si quiero seguir
despierta para entonces. Me quedé media hora mirando las estrellas.

Pasó una estrella fugaz
—es raro porque veo pocas—
y pedí el deseo más estúpido e imposible
—es raro porque no me suele dar tiempo, pero esta vez todas
[mis neuronas corrieron hacia lo estúpido e imposible—.

Mis últimos cumpleaños,
cada vez que se me cayó una pestaña,
cada vez que crucé por primera vez un puente,
el trozo de papel que ardió hace solo dos meses en la hoguera
[de San Juan.

¿Qué pediré ahora que no sea estúpido e imposible?
¿Existe acaso algún deseo que no sea simple(mente) eso?

Esta es una de las pocas cosas que nunca supiste
porque dicen que los deseos no se cumplen si los dices en voz alta
y es verdad

porque yo frente a tu cuerpo frío grité

y grité y grité
y no pasó nada.

La casa de mi mejor amiga

Llevo cuatro noches en el lugar más tranquilo del mundo:
la luz y el sueño son posibles aquí
las noches sin perturbaciones   pesadillas   espasmos   sudores
lágrimas: posibles.

En las cuatro noches en el lugar más tranquilo del mundo sueño
que echo a correr porque no llego a tiempo
—eufemismo para *a tiempo de verte viva*—.

Y corro a través de estaciones de tren y bosques verdes y pasillos
[de hospital
y llego a tiempo justo antes de despertarme.

Agotada y sin respiración consigo vislumbrar la silueta con
sonrisa triste de alguna de las personas que nos quieren a las dos
delante de una puerta blanca que no llego a cruzar porque despierto

y digo: «todo fue un sueño
fue solo un sueño no te acuerdas».

Me tengo que decir muchas veces «solo fue un sueño, solo fue
un sueño, no tienes que correr más, no tienes que correr más,
no te muevas».

En el consuelo el horror de la realidad que supera la pesadilla:
ya estás muerta.

Pido, por favor, que me despierten, aunque en realidad estoy
pidiendo que me ayuden a levantarme
[*quemeayudenaquererlevantarme*]

que me hagan brotar el llanto
que me lleven a un lugar en el que de verdad haya para mí
Bread and Roses Bread
and ROSES.

[de fondo cobra sentido y volumen: *Yes, it is bread we fight for,
but we fight for roses too*]

¿QUÉ SI NO?

QUÉ TAL ESTÁS QUE VI QUE HACE TEMPORAL AHÍ CERCA TUYA

Onte coñecín unha chica rimos mogollón
e contei algunhas das túas mellores historias.

Espertei contenta
cunha mensaxe súa e pensando en chamarte a ti saber que
                                    [tal estás contarche
que onte coñecín unha chica e rimos mogollón
con algunhas das túas mellores historias.

Canto tempo levarán as túas cinzas bailando tangos submarinos
cando deixe de coller o teléfono para chamarte para dicir
que tal estás
onte coñecín unha chica rimos mogollón
conteille algunha das túas mellores historias

e foi tan bonito que falei sobre ti sin querer en presente
durante moitísimo rato
-que é o que dura o presente agora   por outra parte.

En serio, cantos tangos?

contenta todavía hablo de ti en presente

no puedo conciliar las ideas 1 y 2 si
1 = mi fe l i c i d a d   —más bien alegría—

2
=
tu

a
u
s
e
n
c
i
a

[...]

no puedo conciliar la vida
las ideas me disparan en distintas direcciones
por alguna ley de Newton imagino no concilio

me mantengo
quieta
en el espacio quieta tensa
en el espacio   —más bien en el tiempo—.

Hoy
ni nunca cumplirás 81 años.

Te quedaste en la cifra redonda, divisible entre cinco:

cuidadora de paces y árbitra de guerras.

Hoy no cumplirás 81 años,

como si hubieses querido dejar una cifra redonda,
como si hasta el último día
te hubieras encargado de dejarlo todo ordenado

antes de salir de casa.

Matemáticas

Non teño nin idea de química así que miro para a fronte
e non consigo facer as matemáticas precisas:

$$\frac{53 \text{ días x Todos os litros do oceano Atlántico}}{x= \text{Case } 60 \text{ kg reducidos a cinzas}}$$

Nota: tomar en conta o sentido do vento para determinar a traxectoria

Se soubese de química ou matemáticas ou algunha ciencia exacta sabería
se cando miro este mar estou mirando a túa tumba
ou só unha cantidade de auga moi grande, bastante quente e algo sucia

igual, que importa se igual miro o mar
penso na química da morte penso na morte
penso en ti
e escribo isto, igual igual [...].

Meto los pies en el Mediterráneo.
¿Habrás llegado hasta aquí?
Me gustaría pensar [...]

,
,
,
,
,
,
,
,
,
,
,
,
,
,
,
,
,
,
,
,
,
,
,
,
,

,
,
,
,
,
,
,
,
,
,
,

lágrimas de montaña:

En el último momento,
justo antes de que todo acabase, vi la montaña.

Agarré,
tras valorar el color y el olor y el tacto sin saber realmente
qué estaba buscando
además de un intento de mantenerte aquí
donde ya nunca estarás   agarré,
casi me agarré a,

    agarré un pomelo

    y lo puse en el mostrador.

El arrebato absurdo de tratar de alcanzarte lo imposible
     me ha costado 86 céntimos.

   Cuánto echo de menos el árbol
   de pomelo del jardín de nuestra infancia

que es el mismo hoy sin ti ni pomelos y a ti
     exprimiendo uno
Cuánto echo de menos el jardín de mi infancia
    Lo recogías del árbol y lo exprimías en nuestros
    zumos de naranja,
    exprimías también las naranjas
y el tiempo conmigo
    cuando el jardín era el mismo pero no es ya el de
    nuestra infancia
exprimías el tiempo conmigo

ahora yo
exprimo el tiempo
lamo el juego que corre por mis dedos
pero   ese pomelo que agarré
el pomelo que compré está seco, abuela,
está malo porque tú no estás y yo lo miro y pienso
que el pomelo descansará en el compost
                    y yo sin ti,
                    tengo que levantarme mañana:
alcanzar lo imposible.

Miedo

Fui a un concierto sola.

A ti te hubiera dado miedo

*cuidado en medio de toda esa gente a mí no me gusta que estés,
hai moito desgraciado suelto, en una discoteca tú sola… yo no
sé, hacer lo que quierais ya sé que yo soy muy antigua, pero estas
cosas… ¿y eso? ¿No tienes a nadie que vaya contigo? ¿tus amigos no
les gusta esa música? bueno, ti vai con coidadiño, si? y no bebas
mucho, que hai muito desgraciado suelto y cuando se bebe ya se
sabe las cosas que pasan…*

y yo hubiera hecho un chiste

**si yo no probé el alcohol nunca en la vida, abuela, y
no te preocupes que soy tan pequeñita que en los
conciertos ni se me ve**

Fui a un concierto sola y lo pasé genial
y pensé que a ti te hubiera dado miedo
y yo hubiera hecho un chiste para que no tuvieses miedo y
para que no supieses que yo tenía miedo también.

Tú me creías libre
LIBRE DEL DOLOR QUE CAUSAN LOS HOMBRES

Un día me contaste una historia
de cuando eras «jovencita e ibas a trabajar limpiando,
que unos días os mandaban a unas a unos edificios y otras a otros,
y una vez un señor muy bien vestido y con maletín así
de buena apariencia te paró para pedirte la hora
mientras abrías la verja del edificio que te tocaba limpiar
y tú no tenías porque para limpiar no llevas reloj, y no había
móviles como hay ahora, pero algo ya te había dado a ti que
aquel señor... parecía que venía, tú sabes, a alguna cosa mala,
tenía en la cabeza alguna cosa que a ti te pareció que...
Bueno, que no te gustó el señor y, entonces,
te preparaste cuando ibas a abrir para colarte muy rápido, y
con el miedo en el cuerpo que estabas, porque decías: este se
va a querer colar detrás
porque tú de aquella eras muy mona, muy jovencita, debías
tener, qué sé, yo pues 17 años o así
y quería pero tú cerraste la verja rápido porque ya te imaginabas,
y no lo consiguió.
Y menos mal que el jefe que tenías era buen señor y os trataba
con mucho respeto
porque había otras que tenían menos suerte y si contaban
estas cosas a sus jefes y a sus compañeras les daba igual, pero
vosotras teníais, así, buena relación unas con las otras,
pero pasaste un miedo de cuidado».

Me contaste esta historia como me contaste tantas otras,
aunque no lo fuese.
Habías escuchado algo en la tele que te había recordado a
aquello, fíjate.

Tú a veces te alegrabas y pensabas que
no tener novios, «no andar detrás de los chicos»
me hacía libre.

Tú me creías libre del dolor que causan los hombres.

Me alegro de que hayas muerto sin saber que una vez
yo no cerré la verja a tiempo.

Los anillos

La chica que no te pude contar que conocí me cogió la mano
después del sexo
y con sorpresa me hizo saber
que no me había quitado los anillos.

Solo para escucharme contestar
con naturalidad yo ella sorpresa
todavía
que nunca lo hacía y que nunca desde que me los había puesto
los había quitado,
sin ser por requerimiento del médico cuando tuve aquel
accidente de tráfico aquel día que todavía vivías, pero casi
dejas de hacerlo, y yo escondí el yeso bajo una cazadora de la
tía para no disgustarte y tú me cogiste con las dos manos la
mano tan fuerte que hasta el día siguiente no notaste que me
había cambiado los anillos de mano.

La chica me miró fijo y se rio ante mi afirmación.
Yo no sabía si saber aquello te haría gracia o te espantaría,
ni siquiera si tú imaginabas, a pesar de mi edad y de aquel
chiste sexual que me hiciste una vez,
que yo, a veces, introduzco en alguna chica los mismos dedos
que te calentaban los pies,
con tus anillos siempre puestos.

No dimos con la respuesta y creo que no te lo hubiera preguntado,
pero no quiero perderte en una casa ajena, es lógico,
y siempre te parecí vulgar en el habla y las formas, demasiado
poco escrupulosa,
algo barriobajera (como éramos en realidad todes, originariamente)
verdulera, excéntrica, rarita, «así como tú eres»

y me quisiste siempre igual,
me quisiste como para decírmelo y, aunque yo también te lo dije,
ahora te lo repito:
te quiero y te quiero,

te quiero tanto, abuela,
que has estado sin saberlo, dentro de alguna que otra chica
y solo a una,
solo a la que menos me conocía, le pareció extraño.

Te quiero tanto que, pase el tiempo que pase,
seguiré sin quitarme tus anillos para hacer el amor
porque sería empezar deshaciéndolo.

A chica da que che falei fixo algo horrible.

Só podo pensar no verde que a estarías poñendo en como de verde me porías a min
por bicar a outra chica ó día seguinte
en como a min me porías verde pero só un rato en plan riña pero tamén agria broma sobre
como los jóvenes ahora andan con uno con otro o con otra y no importa en mi época no era así yo fue tu abuelo y ya hala ahí me quedé pero ahora andáis a cambiar yo no sé... Hacer lo que quierais pero esa chica non che me ghusta nada si te hizo eso adiós y chimpún no se le habla más y listo a ver si esta nueva dura un pouco máis **non me importa iso, abuela, somos amigas aghora e esta xa veremos o que pasa que eu pa poñerme seria non estou, casar desta non caso** *bueno tú haz como tú veas ya te digo que yo no sé cómo hacéis las cosas ahora y tenéis que hacerlas vosotros que yo ya me estoy quedando...*
—uso Comic Sans porque me siento como una niña—
me estoy quedando vieja mira esto, todo pellejo
y no terminaste de quedarte vieja quedaches congelada
o contrario en realidá porque primeiro prenderon teu cuerpo en llamas como se foras
o meco dos carnavales anque chorabamos como no enterro da sardiña (aunque era el tuyo,
Ministra)
quedaches derretida un rato, supoño, logo te reduciron a cinzas
pero en mi cabeza vives vieja(porque non te coñecín joven)
e ojalá puidese nesta vejez nova túa acompañarte penso algúns días outros somentes
gustaría de pensar

e pensalo.

[...]

A realidade é que a chica da que che falei fixo
algo horrible non horrible
a chica da que che falei
non che falei porque xa estabas morta a realidade é que nada
importa porque xa estás morta.

[...]

Este poema anterior escribino trascribindo o poema anterior
e tampouco importa.

IV

Por ejemplo, dormí
Junto a un cadáver
Chupé niebla
Más o menos así funciona el mecanismo de la
Evocación

«Abrazarse, esconderse, zambullirse»,
Berta García Faet, *Corazonada* (2022).

A MAN DELGADA

me preparo, a veces, para el golpe que llevaré cuando te deje ir
—como ya me había preparado antes—
espero que se sienta como un manotazo de los tuyos: con la mano
llena de sortijas
y más fuerza de la que pretendías
doloroso
necesario para seguir viviendo sin el manotazo
hace casi tres meses que la tierra gira sin ti
dame el manotazo ya
dime «lo mal que baila esta niña Jesús y luego va a bailar por ahí»
dime «tú siempre me estás intentando liar»
dime eres unha lercha de muito cuidao
dilles *non cala nunca* repítelles mil veces *no sé yo se non me estarán
cobrando de máis de teléfono de tanto que falo con esta que non cala
nunca e botamos media hora eh? pero media hora de verdad que la
echamos* dame o manotazo e déixame ir, déixame calar ou falar
doutra cousa ou
irme

qué pasará porque no ya no va a haber grandes noches ni noches
buenas ni nochebuenas muchísimo menos

¿qué pasará el día
que tenga un hilo suelto?
absolutamente nada

tan tangible como eso:
¿nada?
no pasará absolutamente nada

sigo escribiendo este poema intentando rodear

la idea hasta llegar a otra diagonal

que me ofrezca una respuesta diferente a la pregunta en bucle

pero no aparecerá la chispa del mechero: ese día
solo tendré un hilo suelto
y no pasará absolutamente nada más que esto que ya está pasando:
sigo escribiendo para constar y constatar
sigo escribiendo por si tengo, tuve o tendré un hilo suelto, y no
me doy cuenta.

esta es la chispa del mechero
de publicidad de aquella discoteca en la que limpiaste.

Tuyos tengo un frasco de agua de colonia
(que rocío en la almohada que abrazo)

un bolso, una blusa, un camisón, un vestido

(de una boda de alguien que se divorció, a la que no fui
y que viene grande)

un anillo, dos anillos

versos suficientes ¡para! (¡PARA!)
transformar tu funeral
en mariposa o en libro de poemas
—¿de poemas?—
no sé
no sé sin ti
no sé si tengo la capacidad, el talento, la fuerza
la fuerza
no sé si tengo la fuerza

Tuyo tengo un frasco de colonia
¿la fuerza?

«¿Dónde coño habré puesto la fuerza?, que sé que la tenía por
aquí *cerca cagho en va* te crees que ahora no la encuentro y la
tenía conmigo hace un momento»

V

Siempre que te pregunto que cómo, cuándo y dónde,
tú siempre me respondes Quizás, quizás, quizás.

Mi abuela, cantando la versión de Gaby Moreno
mientras me pinta las uñas en la terraza de mi casa
[sic: casa de mis padres] (2023)

Los pobres aman con las manos.
[...]
y saben de cosquillas, y saben de boleros
y saben de desnudos y de darlo todo,
que no es más que lo puesto, las manos y la lengua
la forma de otear al horizonte y los cánticos en contra del patrón.

(LA INMORTAL) GATA CATTANA, *CÓMO AMAN LOS POBRES*.

El día de los grandes amores:
carta sin destinatario

No fui a ver el mar. Son las 5 y 26. Supongo que aún estoy a tiempo. No creo que vaya porque no me apetece. Creo que está fallando eso de la profecía autocumplida: me imaginaba estar hoy tristísima.

Es cierto que te echo de menos y que mientras escribo esto pienso en que luego me rociaré con Nenuco.

Tengo una cita [virtual] hoy con X y sé que tú no lo entenderías y que te daría igual. Es cierto que mi gran amor, no lo dudes aunque no pueda llamarte, sigues siendo tú.

En realidad, no creo en nada después de la muerte y no creo en nada después de tu muerte. Haré seguramente un poema con esto anterior, aunque sea, en parte, falso. Creo en el amor y en la rabia, como siempre. Puede, pienso ahora, que tengas gran parte de culpa: no creo que nadie haya cultivado de manera más intensa ambos sentimientos. No digo que los hayas lanzado siempre en la dirección correcta. El amor sin condiciones y la rabia hacia ti misma, hacia la enfermedad, hacia nosotras cuando nos poníamos en contra de personas que merecían tu amor solo por eso, porque venía sin condiciones. Si fuese a publicar esto, tendría que eliminar esa última parte, pero no deja de ser cierta.

Venía diciendo que no creo en la vida después de la muerte y no entiendo la vida después de la tuya y, sin embargo, escribo en segunda persona. La voz atea en mi cabeza me repite a cada frase que *que carallo ando a faser* si tú no me escuchas, si tú ya no estás, si eres un puñado de cenizas o fuiste un puñado de cenizas, que flotó en ese mar del que me encuentro lejos.

Me gustaría creer en algo. Así podría defender que tus cenizas nadaron, no adonde las llevase la corriente, sino de manera intencionada hacia el Mediterráneo; para estar cerca de mí, para vigilarme en forma de paloma blanca, como siempre dijiste que harías. Les digo «hola» a las palomas blancas, esto ya te lo dije. Entiendo que es simplemente un ritual que me permite recordarte. Aun así, una voz en mi cerebro me dice *«que carallo estás a faser* si ella no es una paloma que ya te lo dije, coño, que ella es un puñado de cenizas o igual ya ni siquiera eso». Escribirte en segunda persona me permite la ilusión momentánea de una respuesta. En cuanto acabe esta carta, esa ilusión se desvanecerá y quizás, incluso, sea capaz de soltar una lágrima, a pesar de estas tontas pastillas marrones del desayuno que me impiden sentir gran cosa.

Al desayuno, cuando escojo las pastillas de manera mecánica por sus colores, me acuerdo también de ti. Qué difícil y, sin embargo, de qué orgánica manera aprendí qué pastillas tocaban cuando yo estaba en casa para asegurarme de que las tomabas (para librar un rato a mamá de una tarea que lleva realizando desde el inicio de los tiempos). Es egoísta, pero saberme tus pastillas me hacía sentir útil, me hacía sentir responsable de que estuvieras bien y libre de la culpa de que estuvieses mal. También cerca de ti. El mes que pasé en casa estuve tan cansada de cuidarte que lloraba cada noche por la culpa que me ocasionaba el cansancio. Si yo por ti hubiese hecho cualquier cosa. Lo hice, creo.

Solo podía pensar en que estaba lejos y, aunque tú no lo sintieras así, quién era yo para cultivar reproches a otras personas por no hacer lo que a mí me gustaría estar haciendo. En realidad, ahora es cuando estoy empezado a llorar. No en la playa. Aquí, en este sofá que tú viste y odiaste, en este pijama y con esta bata que me regalaste, con una camiseta con un mensaje obsceno que te hubiera espantado.

Te escribo en castellano y me siento la mayor de las traidoras. *Pero que lle fagho se hai certas expresións que só podo escoitar da túa boca e aghora que a túa boca non está non podo nin pronunciar. En realidade, non podo escribilas. Pronuncialas, si. Fágoo constantemente e engado* como decía mi abuela. Decía. *Nunca deixará de doer o tempo pasado e por iso escribo en segunda persoa, porque non podo facelo en presente. Porque xa che dixen case todas estas cousas así que ten sentido que aghora as escriba.*

Ou non.

Non imaginaches nunca o difícil que sería para min a vida sen ti. Díxencho, pero creo que nunca cheghaches a crerme de todo. Non pensabas que tanto amor como ti tiñas, ti que crías na familia como capo da mafia. Pensabas que sempre era máis grande o amor que escurría polas ramas da árbol xenealóxica, que o que subía. Pero deixaches tanto plantado... Non se pode medir o amor, pero asegúroche que non tiveches máis por min que eu por ti porque ninguén o tivo. Non se pode medir, xa o sei. Pero o duelo ten moitas fases, eu que sei, e semellan inxustas as lágrimas de todes es demais, penso que todes deberían chorar menos ca min. Hai quen tamén o pensa. Eu intento non pensalo, é sin querer. Ti sabes a que me deixaches? Hai xente que nada máis verme chora porque pensa en ti. Cinco días despois da túa morte marchei e non sei cando poderei volver sen que toda a dor veña comigho. Aquí en Valencia como que é normal que non esteas, sabes? O que non é normal é que non chames. Cando non chamas é porque non estás ben. Non estabas. Aghora non chamas porque non estás e eu non quero que ninguén nun- ca me chame no día de hoxe. Eu te quixen como a ninguén pero tamén como ninguén a min ti me quixeches e non ten sentido que ninghén me chame neste día estúpido que só non o era porque ti chamabas e dicías que? Como estás? Que hoy es el día de los enamorados y yo como de eso no tengo llamo a mis amores. Luego llamo a Pablo que antes estaba coas clases ou non sei que y no me pudo coger e eu dicía pois claro e meu amor máis grande tamén eres ti ou que pensas, iso sempre. Iso sempre.

Non teño forzas para ir á praia porque contaba con ir a chorar e xa estou chorando aghora. Oghallá que me puideras escoitar... En realidá non porque sufrirías moito, pero eu necesito unha respos- ta. Cando eu chorei e rompín todo o que un corpo pode romper diante do teu cadáver que como dijo Sergio parecía un boneco pregunteiche repetidamente que vou facer eu agora eu agora que fago como eu vou seguir sen ti. A túa morte lembroume que a miña estaba moi lonxe. Que ía haber moitos máis anos da miña vida pasados sen ti que contigo. A inmensidade da inxusticia non me deixaba respirar. Tamen che repetín moitas veces que Mr. Lockwood é Papaíto Piernas Largas.

Morriches co libro que eu che dixen que me fixo querer ser escritora na mesiña do hospital. O mes mo libro que te pillei lendo a mesma tarde que che contei iso, na casa. Teño unha foto. Teño unha foto túa lendo no sofá ese libro como se todo estivese ben. Como puido pasar tan pouco tempo dese momento como pa que morreras co libro na mesiña? Penso aghora que debería ter queimado o libro contigo, pero non me atrevía a pedir tal cousa. Sabes que tiven que escribir a túa esquela? Porque eu sabía. Que carallo ía saber. Pase o que pase, publique o que publique, nunca nada mellorará terte despedido cunha das túas bromas. É a miña maior honra e o peor que fixen na miña vida a un tempo.

Se algún dia fose famosa seguro que daría para algún titular jugoso nunha das revistas que ti les: Gonza M. Fontán: «A obra da que máis orgullosa me sinto é a esquela de miña abuela». Imaginas? Ti só preguntarías por que puxeches o nome ese que a xente vai pensar que escribe un chico co nombre bonito que tes ou que lle pasa o nome que tes non che ghusta ou que.

Bueno, *que che fixen* spoiler *do libro e eu non creo en nada, de verdade, non creo en nada, pero quedo en paz se penso que, non cando estabas no ataúde, cando estabas na cama do hospital, que eu che lin dez páginas do libro, logho che fixen spoiler. Deixei dez páginas para ter algo que lerte o día seghinte e non houbo día seghinte, pero ti sabías o final. Penso. Prequnteille a unha enfermeira que me dixo que non se podía saber. Morriches cun anillo meu posto e escoitaches o final. Era o menos que podía facer. Leveiche os teus pájaros. Tatueime os pájaros antes de marchar para que os vises unha última vez, para que me dixeras unha última vez ti estás tola ti estás mal da cabesa pero logho lle contases a todo o mundo que mira esta que fixo os periquitos que a saber como están a saber como lle ten este a jaula seguro que está toda sucia... Pero cando cheguei non falaches máis, non volvín ver teus ollos abertos e odiei tanto tanto a mamá cando contou que os abriches unha última vez antes de morrer... Ela puido mirarte e eu non. Eu non cheguei a tempo de que me mirases. Eu penso que me escoitaches, apretabas a miña man coa túa man case morta e xesticulabas como se quixeras espertar e non puideses.*

Xa case non sei o que escribo porque as lágrimas núblanme a vista.

EU PECHEI O LIBRO PORQUE NOS ESTABAN MO-LESTANDO, ESTABAN COMENTANDO A REVISTA E COMENTANDO O CARIÑO QUE EU CHE TIÑA E NON PODÍAN FACELO NOUTRA PARTE. ADEMAIS TI XA SABÍAS O CARIÑO QUE EU CHE TIÑA, EU SÓ QUERÍA LERTE E PECHEI O LIBRO E DIXEN, DEI-XO AS ÚLTIMAS PÁXINAS PARA MAÑÁN E NON HOUBO MAÑÁN PORQUE LEVABA DÚAS HORAS DE SONO CANDO ÁS OITO E MEDIA DA MAÑÁN SONOU O TELÉFONO E EU SOUBEN TODO. ESPE-RO QUE TI SOUBESES QUE MR LOCKWOOD ERA PAPAÍTO PIERNAS LARGAS.

Un montón de pena

un montón de azucarillos
un montón de abanicos
un montón de paquetes de pañuelos
un montón de pulseras que rezan ROSA MONTEAGUDO
AMORÍN 16 OCTUBRE 1942 SERGAS SERGAS SERGAS
SERGAS en letras azules
sobre papel blanco

un montón de bolígrafos
un montón de caramelos de arándanos
el montón de pulseras en el bolsillo
un montón de manos en movimiento para ordenar sus cosas
para deshacerse

un par de voces que me dicen:

«mira esa caja de ahí si quieres una bufanda»

Pienso: «estas pulseras del bolsillo darían para dos bufandas»

cojo una bufanda y desde un rincón de la habitación mientras
el mundo obliga a mi madre, mi tía, mis hermanas a girar
pensando en los azucarillos, abanicos, caramelos, bolígrafos
aspiro su olor
lloro en silencio
frente a la caja de bufandas de la que no sé quién
se acaba encargando

Si no me ocupo hasta el último minuto, no conseguiré convencerme de que una taza rota es suficiente motivo para una baja de 24 horas. Dije «lo siento» al aire. No al cielo, no a ti que no puedes oírme, al aire porque entendí de nuevo que solo eres un puñado de ceniza que seguramente ya tocó el fondo del océano. Una taza rota me lo ha recordado y he llorado como no sabía que seguía siendo capaz. Me asustan mis pensamientos cuando lloro tanto, porque estoy tan convencida de que nunca dejaré de hacerlo que todo parece una buena idea. Pensé de manera casi instantánea, cuando conseguí coger los trozos del suelo empapado en café y depositarlos bajo el agua del bidé, que eran trozos demasiado gruesos para hacerme un corte serio. Los sopesé en las manos y metí la mano en la pequeñísima pila de trozos de cerámica con la esperanza de al menos un poco de sangre. Siempre tengo la sensación de que un golpe no es golpe si no hay marca; un golpe no es golpe si los demás no pueden verlo. Pensaba, sinceramente, que no me importaría desvanecerme en ese mismo momento y que tampoco sorprendería tanto a mi entorno encontrarme tirada en el suelo del baño, al lado de la taza hecha añicos. Cualquiera podría reconstruir de manera veraz la escena. Así de insulso, así de obvio, así de común es mi dolor. Eso es lo peor de todo: pensar que alguien te entiende. Quiero la imposibilidad de que alguien haya sentido como yo, le hayan sentido tanto de vuelta y se le haya desgarrado el mundo de tan semejante manera ante la pérdida.

La pieza que perdí, como el asa de la taza, no es recuperable. Pienso sin querer hacerlo en esto como en otro de mis problemas: buscando una solución, pensando que, si me dejo sentir, los sentimientos desaparecerán y vendrás de vuelta, encontraré la manera de traerte de vuelta si consigo calmarme. Pero no existe manera de traerte de vuelta, no hay solución a esta situación porque no es un problema, es mi vida ahora, porque la vida sigue. Una vida que merece la pena ser vivida, pero que no me apetece. Es demasiado larga. Solo han pasado seis meses y ya me parece demasiado tiempo. Tengo una lista de tareas en lugar de un propósito, que no sé qué conseguiré encontrar cuando la termine para aferrarme a la vida que me queda. Esa vida tan larga.

Pienso en los trozos de cerámica y en todas las veces que temí que esto pasase, me compruebo las manos para comprobar que el resto de ti sigue conmigo. Echo tu colonia en las mangas de un jersey que no es mío, cierro los ojos, me imagino agotada, abrazada a ti en la estrecha cama de hospital, en la que nunca dejaste de echarte la colonia, a pesar del sudor que el dolor acumulaba en tu cuello y tu frente. Pienso en tu mano apretando la mía mientras tu boca me pedía que me fuese tranquila.

Me gustaría creer que fui necesaria, que hicimos juntas mejor la vida de la otra, pero tú viviste sin mí tantos años que ya le tenías cogido el truco. Yo no sé si llegaré a aprender a hacerlo sin ti. No puedo hablarle a nadie en el tono en que te hablaba a ti. Ni siquiera a ti. Todas estas palabras serían censuradas o transformadas antes de serte dirigidas y, sin embargo, más reales; y, sin embargo, tengo que escribirte de otra manera para que no duela tanto el silencio.

A veces pienso en marcar tu teléfono y contarle a una persona cualquiera quién fuiste, que sepan el valor que guardan en las manos, que sepan que esas teclas sostuvieron estaciones enteras, meses y meses de nostalgias; que sobre ellas flotaron insultos, risas, sonrisas y *cuídateme. Cómeme bien. Pórtateme bien. Sentidiño. Por favor, no te mueras.* Por favor, si esto fuese

solo un puzle y resolverlo significase que no estás muerta...
Ata onde non cheghería pa traerte de volta. Canto non daría por dicirche unha vez máis:
anda que menudo show *armas pa'que te veña ver.*
e logo:
desta pasácheste cuatro pueblos

Soy así peliculera oye, qué le vamos a hacer, pero tú me lo perdonas, ¿verdad?, que tú eres del equipo mío. Tampoco era para que lo pasarais mal, oye, *que levei* un susto que menuda... verdad *que si que levei* un susto *de carallo,* pero bueno aquí estamos. Aquí estamos, oye, juntitas, mira tú qué bien.

Leí dos libros el último mes
en los que había una abuela, y la abuela se llamaba Rosa.

¡qué rabia, qué injusticia

poética y política también: por eso,

esto!

Me dicen cuánto cuánto
te hubiera gustado verme trabajar con uniforme

[quieren decir «con camisa»
porque no fuiste feliz el verano que llevé botas de carga]

Pienso cuánto cuánto
me hubiera reído contigo contándote historias y también
quizás alguna de esas historias fuera sobre el trabajo
pero

no estás y son muchas las cosas que me dan pena
pero

no estás y mentiría si dijese que me da rabia
que no me veas trabajar con uniforme

[quiero decir «con camisa»]

porque no estás y no puedo contarte
que una mujer me paró por la calle para decir qué bonita tu falda
o que compramos para el baño un alfombra en forma de flor
que te hubiese encantado
o te hubiese hecho gracia,
no lo tengo claro y ya no lo tendré;
que terminé el máster a pesar de todos los *shows* que armaste
durante el último año

[quiero decir «el pasado año»,
porque ya casi el año pasado
no estabas]

No estás y me digo cuánto cuánto
odio trabajar con uniforme
y que no estés

[quiero decir que no estés viva]

La segunda persona del singular
es un clavo que una vez ardió y que ahora
guardo apretado en el puño
oxidado y frío

lleno de llagas esperando a que lo abras
para ver qué tal tengo las manos, cómo llevo las uñas

«Yo fíjate que trabajé con ellas y las tuve siempre bien arregladitas,
las uñas no las llevé mal nunca, hasta ahora que se me abren
todas».

La segunda persona del singular
es el eco de tu voz mientras escribo palabras
que podrías haber dicho

«Ay, mírala a ella, con el uniforme, qué mona, vaya... *érache boa*...
qué mona que va para ir a trabajar; ya si te dejaras el pelo un poco
más larguito, monísima que estarías, fíjate tú».

Cuánta cuánta es la fuerza de ese puño
son veinte las uñas que ya no cuido

[quiero decir
que ya no cuidas].

Epílogo

Tal vez y solo tal vez
cuando el dolor se vaya
si se va
cuando el dolor amaine podemos decir
podré escribir metáforas
símiles
hipérboles
menos cutres más laboriosas
de esas que nadie entiende.

Hoy solo puedo decir que en la playa había muchas olas
Y, como había muchas olas, había mucha arena removida
en la orilla.

Y el mar era gris
y besé tu herencia y bailé contigo hasta que por mis manos
no circulaban más que recuerdos.
La verdad es que hacía frío y la marea estaba revuelta
y siempre pienso en tus cenizas cuando veo el mar.

Quizás si ese oleaje se llevase el dolor
escribiría una obra maestra que seguro
sería una mierda y sería mentira.

TRADUCCIONES

PERIQUITAS
(Página 16)

Hablas de pájaros entusiasmada durante ratos larguísimos y ríes
ríes ríes
y parece que todos los dolores ya han pasado
Luego hablas de zapatos altos
llorar no lloras,
pero metes el dedo tras las gafas para meter de vuelta la lágrima
[en el ojo
...
Dices que quieres comprar una jaula grande
porque los pájaros se multiplican pero todavía no son tantos
[que no quepan en la terraza
Yo mientras pienso que ojalá naciesen los periquitos a miles
[porque cuando hablas de ellos, ríes ríes ríes

Si los pajaritos pudiesen entenderte, no necesitarías jaula.
Cuento las horas que pasáis juntos y brota en mí un poco de envidia
de que te miren leer y cocinar y darte aloe en los pies
de que sean mimados y alimentados por tus manos ahora viejas
[y siempre presumidas
¿Cuánto te gusta el tiempo a mi lado? Cuando te preguntan por
[mí, ¿también ríes ríes ríes
tanto?
Yo hablo de ti
como tú hablas de los periquitos.
Abuela,
ojalá nunca tuviésemos que pensar en la altura de los zapatos.

VEGANISMO E INFANCIA
(Página 24)

Pensé con estos ojos húmedos que me llevo
ahora en comerme un rapante frito

Funeral de estados
(Página 29)

¿Cómo es que tu muerte no abre debates y telediarios,
Ministra?
De todes nosotres, Ministra
De todes nosotres, Ministra

MANOS
(Página 30)

Se transformaron tus manos de limón en manos de pájaro

Ya nunca hueles a más pescado
que a los rapantes fritos de la infancia

Hueles, ahora, a Nenuco y a veces el mundo olvida que
                              [tú también bailaste porque no
podías correr y porque te resultaba divertido

Ya no bailas y cuentas historias sentada sobre como si tuviese
                                        [veinte años
o cuarenta
te echarías a correr para no tener nada que contar
Tenemos suerte entonces
Pero qué difícil no cagarse en el mundo
en el viejo olor a limón
y el continuo genocidio de la voluntad
de hacer
cualquier otra cosa

IMAGEN DE LA IMAGEN DE LA IMAGEN
(Página 31)

Creció un fondo
en cada lugar que pisaste

ahora el espacio
es una fotografía recortada
vacío insondable:
no puedo atravesar las baldosas,
buscarte
bajo el cemento de la galería

hueco abisal   pozo infinito el espacio
puede   se puede intentar
pero no serviría para nada más
que estas palabras que para nada sirven

que suerte que me enseñaron   y aprendí a nadar en ellas

ya no hago pie en el mundo
retóricas, repetitivas y curiosas palabras

Como el fuego las palabras
(Página 33)

Decían que no nos callábamos nunca.

Es curioso como las palabras
son curiosas las palabras pueden
juntarse, combinarse, evitarse, gritarse, quedarse atrapadas
[en el contexto
generar una lengua propia en la que:
vegana y lesbiana son adjetivos intercambiables
[y de los nuestros
reír solo se puede hacer alto
hablo para ti se dice con un guiño de ojo
hablar de equipos es hablar juntas aunque todos nos queramos
porque nosotras nos queríamos tú y yo sabemos
abrasar la diglosia
y decir *te quiero* en castellano porque es una cosa seria.

Son curiosas las palabras:
continúan
evolucionan
pueden usarse sin parar nunca
pero también como nuestra lengua permanecer intacta,
continuar retórica nada más
porque las palabras no pueden cambiar el mundo pero
[son curiosas
las palabras son curiosas porque
yo puedo escribir que *te quiero* y hacerlo así, en castellano
y en presente,
manteneros intactas a la frase y a ti,
pero no puedes aparecer para decir
no puedes aparecer tú para decir

hale, que sí, yo también, muchísimo,
mi madriña contigo,
non calas nunca

ahora «te quiero» es pregunta retórica que no dejo de hacerme

¿QUÉ TAL ESTÁS?, QUE VI QUE HACE TEMPORAL AHÍ CERCA DE TI

(Página 45)

Ayer conocí a una chica
reímos mogollón
y le conté algunas de tus mejores historias.

Me desperté contenta
con un mensaje tuyo y pensando en llamarte a ti
saber qué tal estás contarte
que ayer conocí a un chica y reímos mogollón
con algunas de tus mejores historias.

Cuánto tiempo llevarán tus cenizas bailando tangos submarinos
cuando deje de coger el teléfono para llamarte
para decir «¿que tal estás?»
ayer conocí a una chica
reímos mogollón
le conté algunas de tus mejores historias

y fue tan bonito que hablé sobre ti sin querer
en presente
durante muchísimo rato
qué es lo que dura el presente ahora.

En serio,
¿cuántos tangos?

La chica de la que te hablé
(Página 58)

La chica de la que te hablé hizo algo horrible.
Solo puedo pensar en lo verde que la estarías poniendo en cómo
de verde me pondrías a mí
por besar a otra chica al día siguiente
en como a mí me pondrías verde pero solo un rato en plan riña
pero también agria broma sobre cómo los jóvenes ahora andan con
uno con otro o con otra, y no importa; en mi época no era así: yo
es que fue tu abuelo y ya, hala, ahí me quedé; pero ahora andáis
a cambiar yo no sé… Haced lo que queráis pero esa chica no me
gusta, nada si te hizo eso, adiós y chimpún, no se le habla más y
listo; a ver si esta nueva dura un poco más **no me importa**
eso, abuela, somos amigas ahora y esta, ya
veremos lo que pasa, que ya pa'ponerme seria no
estoy, casarme, de esta no me caso *bueno tú haz*
como tú veas ya te digo que yo no sé cómo hacéis las cosas ahora y
tenéis que hacerlas vosotros que yo ya me estoy quedando…
—uso Comic Sans porque me siento una niña—
me estoy quedando vieja mira esto, todo pellejo.

Y no terminaste de quedarte vieja,
te quedaste congelada
lo contrario en realidad: primero hicieron arder tu cuerpo,
le plantaron fuego como si fueras o meco* de los carnavales
aunque llorábamos
como si fuese el entierro de la sardina
(aunque era el tuyo, Ministra)

te derretiste durante un rato, supongo, luego te redujeron a cenizas
pero en mi cabeza vives y eres vieja
(porque joven joven no te conocí)

y algunos días pienso
que ojalá pudiese acompañarte en esta vejez tuya de ahora
lo pienso algunos días otros solamente
me gustaría en caso de ponerme a pensar
pensarlo

[...]

La realidad es que la chica de la que te hablé hizo algo horrible
—no horrible—.
La chica de la que te hablé
—no te hablé porque ya estabas muerta. La realidad es que nada
importa porque ya estás muerta—.

[...]

Este poema anterior lo escribí transcribiendo el poema anterior
y tampoco importa.

ÍNDICE